LE CONSERVATOIRE DES ARTS ET MÉTIERS

DEPUIS SA FONDATION.

CONFÉRENCE

FAITE À BORDEAUX, LE 24 SEPTEMBRE 1886,

AU CONGRÈS INTERNATIONAL

DE L'ENSEIGNEMENT TECHNIQUE, COMMERCIAL ET INDUSTRIEL

PAR

M. LE COLONEL LAUSSEDAT,

DIRECTEUR DU CONSERVATOIRE NATIONAL DES ARTS ET MÉTIERS.

PARIS.

IMPRIMERIE NATIONALE.

M DCCC LXXXVII.

LE CONSERVATOIRE DES ARTS ET MÉTIERS
DEPUIS SA FONDATION.

CONFÉRENCE

FAITE À BORDEAUX, LE 24 SEPTEMBRE 1886,

AU CONGRÈS INTERNATIONAL

DE L'ENSEIGNEMENT TECHNIQUE, COMMERCIAL ET INDUSTRIEL,

PAR

M. LE COLONEL LAUSSEDAT,

DIRECTEUR DU CONSERVATOIRE NATIONAL DES ARTS ET MÉTIERS.

PARIS.

IMPRIMERIE NATIONALE.

M DCCC LXXXVII.

LE CONSERVATOIRE DES ARTS ET MÉTIERS DEPUIS SA FONDATION.

CONFÉRENCE

FAITE À BORDEAUX, LE 24 SEPTEMBRE 1886,

AU CONGRÈS INTERNATIONAL

DE L'ENSEIGNEMENT TECHNIQUE, COMMERCIAL ET INDUSTRIEL.

MESDAMES, MESSIEURS,

Je ne sais pas si je dois remercier le Bureau de la Société philomathique de m'avoir exposé à vous faire une conférence sur un sujet qui m'est naturellement très familier, mais qui est si vaste, que je crains bien de n'avoir pas su, même en y réfléchissant depuis deux ou trois jours faire un choix discret et substantiel tout à la fois.

Si je ne réussis pas à vous intéresser, il y aura assurément de ma faute, mais je vous prie de vous en prendre aussi un peu à ceux de nos collègues qui ont eu trop de confiance dans mes forces.

Cela dit, j'aborde, sans autre préambule, l'histoire et la description de l'un des plus beaux et des plus utiles établissements qu'il y ait en France et je ne crains pas d'ajouter en Europe.

Hier, un de nos collègues rappelait l'incontestable influence exercée chez nous par les Encyclopédistes pendant la seconde moitié du xviii° siècle. Le Conservatoire des Arts et Métiers est, à coup sûr, l'un des exemples, peut-être l'exemple le plus frappant de cette influence; c'est, pour ainsi dire, l'Encyclopédie elle-même en action.

On a fait remonter toutefois à Descartes l'idée de cours publics pour les ouvriers, rendus tout à fait profitables par l'emploi de modèles et d'instruments de toute sorte. Si cela est vrai, les *Leçons de choses,* l'*Enseignement par les yeux,* comme on dit aujourd'hui, avaient été devinés par ce philosophe, l'un des plus grands génies de tous les temps et de tous les pays.

Quoi qu'il en soit, la réalisation de cette idée si conforme, je le répète, aux vues des Encyclopédistes, appartient à l'illustre mécanicien Vaucanson et date de 1775. En mourant, Vaucanson légua sa collection de machines au roi Louis XVI, qui l'accepta.

Cette collection était installée alors à l'hôtel de Mortagne, dans la rue de Charonne, au faubourg Saint-Antoine, où Vaucanson avait inventé et construit le métier à tisser la soie qui, par la suite, inspira Jacquart et contribua tant à la merveilleuse prospérité de l'industrie lyonnaise. Ce métier et le premier modèle de Jacquart sont placés en face l'un de l'autre au Conservatoire, et, dans une vitrine voisine, j'ai fait exposer un délicieux petit tableau en velours chiné, représentant une jeune femme et des amours, l'un en cage et l'autre prêt à s'envoler, dont la composition, attribuée à Regnault l'ancien, rappelle certaines fresques de Pompéi. Cette marchande d'amours, comme on l'a désignée, a été tissée chez Vaucanson, rue de Charonne, n° 47, ainsi que l'indique une inscription que j'ai fait religieusement reparaître sur la bordure; c'est, d'ailleurs, un principe que je cherche à appliquer partout où il se peut, que de placer les objets fabriqués à côté des machines ou des outils qui servent à les obtenir.

Après la Révolution, des commissions des monuments nationaux, puis une commission dite *des arts* furent créées pour recueillir et réunir, dans un même local, les instruments, les machines et un assez grand nombre d'objets d'art proprement dit, qui, par leur nature, intéressaient encore les arts mécaniques, par exemple, les belles pièces d'horlogerie. Ces objets, venant s'ajouter à la collection de Vaucanson, composaient déjà un ensemble important dont le nombre total s'élevait à plus d'un millier.

C'est alors que la Convention, sur un rapport de Grégoire, décréta la création du Conservatoire des Arts et Métiers.

La date et le texte de ce décret nous intéressent trop pour que je ne les rappelle pas ici.

Le décret est en date du 19 vendémiaire an III (10 octobre 1794).

Il est ainsi conçu :

«Article premier. — Il sera formé à Paris, sous le nom de Conservatoire des Arts et Métiers, et sous l'inspection de la Commission d'agriculture et des arts. un dépôt public de machines, modèles, outils, dessins, descriptions et livres de tous les genres d'arts et métiers; l'original des instruments et machines inventés et perfectionnés sera déposé au Conservatoire.

« Art. 2. — On y expliquera la construction et l'emploi des outils et machines utiles aux arts et aux métiers. »

Je ne crois pas avoir besoin de faire remarquer combien ce décret, d'une rédaction si sobre, mais si précise, que nous pourrions et devrions prendre pour modèle, renfermait de vues utiles, prévoyait les conséquences que devait avoir la création de ce dépôt de machines, modèles, outils, dessins, descriptions et livres de tous les genres d'arts et métiers. Les difficultés du temps retardèrent, pendant quelques années, la réalisation de cette grande conception, et ce ne fut que le 12 germinal an vii (2 avril 1799) que les administrateurs ou, comme on les appelait alors, les membres du Conservatoire nommés depuis l'an iii prirent possession de ce qui restait de l'ancien prieuré de Saint-Martin-des-Champs.

Je ne dois pas omettre d'ajouter que c'est encore sur le rapport de Grégoire que fut fait le très heureux choix de ce monument situé au centre de la population la plus industrieuse de Paris.

Je viens de dire que le choix de ce monument était des plus heureux, à cause de l'emplacement qu'il occupait, mais, avant d'aller plus loin, je suis bien obligé d'entrer dans quelques détails sur le monument lui-même, dont l'état laissait fort à désirer, on va le voir.

L'ancien *Prieuré*, antérieurement *Abbaye de Saint-Martin-des-Champs*, occupait autrefois une étendue de quatorze arpents, ce qui fait environ six hectares. Je n'ai pas à m'occuper des autres immeubles qui, sous le nom de *censive*, appartenaient à cette riche communauté. Il me suffira de dire qu'en 1790, d'après la déclaration du prieur lui-même, qui se nommait Dom Étienne Pagès, les revenus s'élevaient à 179,714 livres, et il ne restait plus à la même date que dix-neuf moines, dix-neuf participants. C'est qu'indépendamment des donations faites, à différentes dates, à la communauté, les Bénédictins, tout comme les autres religieux, après avoir été des savants et des artistes, en même temps que des croyants, s'étaient de plus en plus relâchés et avaient fini par devenir de véritables spéculateurs. Il est curieux et triste à la fois de constater que leur éducation artistique, en particulier, avait disparu en même temps que leur foi s'affaiblissait.

Au xie et au xiie siècle, en effet, le prieuré renfermait d'admirables édifices et son enceinte elle-même était d'une architecture militaire remarquable, — témoin la tour du Vert-Bois récemment restaurée. — A partir du xvie siècle et jusqu'au xviiie, ces merveilles se dégradent; quelques-unes même disparaissent pour faire place à des bâtisses informes, si l'on excepte le nouveau couvent construit de 1720 à 1742, dont je parlerai tout à l'heure pour dire que, si son architecture n'était pas sans élégance, en revanche sa construction était des plus défectueuses et nous préparait de graves ennuis.

Je ne pourrais ni ne voudrais vous faire une histoire des Bénédictins de Saint-Martin-des-Champs; cependant il est indispensable que je vous dise en quoi consistait l'immeuble dont ils furent dépossédés en 1790, et je ne crois pas, après les quelques explications dans lesquelles je vais entrer, en m'aidant des historiens du siècle dernier et, en particulier, de Piganiol de la Force, que personne ici se sente disposé à regretter la désaffectation de cet immeuble.

A une époque déjà reculée, les Bénédictins, qui voulaient bien s'enterrer entre eux, ne daignaient pas enterrer les frères lais, leurs domestiques, et ils en chargeaient d'humbles prêtres séculiers. Une chapelle particulière avait dès lors été construite dans un coin de l'enceinte, à l'angle de la rue Saint-Martin et de l'ancienne rue Aumaire.

La population étant venue à s'accroître dans le voisinage, les prêtres séculiers, aidés des marguilliers de la fabrique, réclamèrent l'agrandissement de cette chapelle et l'obtinrent du roi. Telle est l'origine de l'église Saint-Nicolas-des-Champs.

Je n'examine pas la question de savoir qui avait tort ou raison, mais c'est ainsi que le premier coup de pioche des démolisseurs fut porté à l'enceinte du prieuré, qui se trouva éventrée sur une longueur d'environ quarante toises.

Une fois cette œuvre de destruction commencée, elle ne s'arrêta plus, et les moines, voyant le parti qu'ils pouvaient tirer d'une propriété si bien placée, se mirent à bâtir, d'abord tout le long de la rue Saint-Martin, depuis l'église Saint-Nicolas-des-Champs jusqu'à la rue du Vert-Bois, des maisons de rapport, des boutiques surtout.

Ce côté exploité, ils se retournèrent d'équerre et ouvrirent la rue Royale, aujourd'hui rue Réaumur, et une multitude d'autres petites rues transversales, le tout terminé par un marché.

En exécutant ce plan d'une espèce de cité créée dans

leur ancien enclos, les religieux dégénérés du xviiie siècle poussèrent le vandalisme jusqu'à accoler des maisons à la magnifique église dont l'édification avait fait tant d'honneur à leurs devanciers.

Je reviendrai tout à l'heure sur ce monument et sur l'état dans lequel il se trouve. Il me reste à dire comment l'enclos des moines, déjà réduit de plus d'un tiers lors de sa remise aux administrateurs du Conservatoire en 1799, fut encore rogné en 1811, comme vous pourrez le voir en comparant les plans que je me suis fait envoyer de Paris.

Le petit marché établi par les moines ne suffisant plus à la population qui s'était accumulée dans ce quartier, la Ville de Paris demanda et obtint qu'une rue, la rue Vaucanson actuelle, fût ouverte à travers le jardin du Conservatoire, dans le prolongement de la rue Transnonain, laquelle devait même être continuée jusqu'au boulevard.

Telle est l'origine de ce *Carré Saint-Martin,* qui a été effectivement occupé par un marché pendant plus de soixante ans, et qui est aujourd'hui affecté à l'École Centrale des Arts et Manufactures.

Le premier Empire ne fit rien ou presque rien pour le Conservatoire, ou plutôt il lui causa un très grand préjudice en le privant, pour l'avenir, d'un terrain précieux. Pour peu il l'aurait tout à fait supprimé, et l'on obtint à grand'peine que l'Empereur rendît un décret, daté de Dresde et du 14 mars 1813, décidant que le Conservatoire resterait, *provisoirement,* là où il était établi.

Dans quel état les membres du Conservatoire trouvèrent-ils les bâtiments qu'on leur livrait et qui étaient destinés à recevoir les collections et la bibliothèque, car, conformément au décret de la Convention, on avait déjà recueilli un assez grand nombre d'ouvrages sur les sciences et les arts industriels?

Dans les abbayes ou dans les prieurés, comme celui de Saint-Martin-des-Champs, il y avait deux groupes principaux de constructions : le couvent proprement dit, où étaient les cellules des moines et les appartements du prieur et des autres dignitaires, et le cloître, où les religieux se réunissaient pour leurs exercices.

A Saint-Martin-des-Champs, le cloître, qui avait été lui-même un édifice architectural remarquable, mais altéré et transformé avec le temps, était flanqué d'une église moitié romane (l'abside), moitié ogivale (la nef), admirable d'un bout à l'autre malgré ces deux styles mêlés, et, du côté opposé, d'un réfectoire qui était un chef-d'œuvre de l'architecte de la Sainte-Chapelle, de Pierre de Montereau.

Ces deux monuments, ces deux merveilles de l'art français, étaient tellement délabrés, qu'on n'avait pu songer à les employer que comme des magasins. Je dois dire, à la décharge des moines, que, pendant quelques années après 1789, il y avait eu là une manufacture d'armes; mais il est avéré, il est évident, d'après ce que nous savons du peu de souci des religieux pour leurs monuments, que c'était de leurs propres mains qu'ils avaient gâté les deux bijoux qui leur avaient été légués.

L'ancien couvent n'étant peut-être pas dans un meilleur état, les moines en avaient fait construire un nouveau, comme je l'ai dit, au commencement du xviiie siècle, et ils avaient même cherché à lui donner un aspect agréable, surtout du côté du jardin. Mais l'architecte et les entrepreneurs les avaient trompés sur la qualité des matériaux, et

Piganiol de la Force raconte qu'à l'époque où il écrivait, vers 1750 ou 1755, le prieur était en procès avec l'architecte. L'un des entrepreneurs, celui de la charpente, avait même été pris de remords, et, avant de mourir, avait fait remettre au prieur une somme de 40,000 livres à laquelle il estimait le dommage qu'il pouvait avoir causé.

Je suis entré dans ces détails, qui semblent m'éloigner de mon sujet, parce que je crois devoir saisir toutes les occasions de faire connaître les difficultés qu'ont rencontrées mes prédécesseurs et celles qu'il me reste à surmonter.

J'arrive, et je le ferai très succinctement, à l'exposé des phases principales du développement de l'établissement.

Les premiers membres du Conservatoire furent : J.-B. Le Roy, Conté et Molard, avec le titre de démonstrateurs, et Beuvelot, avec celui de dessinateur; je pourrais citer encore Grégoire et Montgolfier, qui remplacèrent Conté et Le Roy.

Ce furent ces hommes distingués qui commencèrent l'installation des modèles dans les bâtiments du couvent, et l'on connaît la légende des tirants de fer posés à chaud par Molard, pour redresser les murs de la grande galerie qui menaçaient et qui menacent encore de s'écrouler.

Molard, qui fut plus tard l'administrateur en titre, a eu un autre mérite plus sérieux. Il obtint d'instituer ce que l'on a appelé la *petite École*, destinée à former des sous-officiers pour les armes savantes et pour l'industrie, sous officiers dont un assez grand nombre parvinrent aux plus hautes positions sociales. Dans l'industrie, on cite, par exemple, Émile Dollfus, Seillière et Schneider. Cette

école a été fermée en 1874, comme faisant double emploi avec les cours de dessin créés par la Ville de Paris
dans ses divers arrondissements.

Il y avait, à cette époque, dans notre pays, un grand
nombre d'hommes éminents, de puissants inventeurs qui
n'étaient pas tous soutenus et encouragés comme ils
l'eussent mérité, car si l'on en récompensait quelques-uns,
comme Oberkampf et Jacquart, on repoussait l'étranger
Fulton et on laissait se ruiner et mourir de désespoir
Nicolas Leblanc, le marquis de Jouffroy et le non moins
illustre Philippe de Girard ; on fondait des prix pour ceux
qui perfectionneraient la pile de Volta, mais notre industrie
était délaissée et compromise par la longue durée de la
guerre ; il y avait, alors aussi, une décadence profonde
dans les industries de goût et jusque dans les beaux-arts.
Or, pendant ce temps, l'Angleterre, notre plus dange-
reuse adversaire, réalisait d'admirables progrès dans les
arts mécaniques. Après la chute de l'Empire, sous la Restauration, deux hommes de grand mérite, dont l'un surtout était un grand cœur, le duc de la Rochefoucauld-
Liancourt et Ch. Dupin, se rendirent en Angleterre
séparément, et revinrent tous les deux convaincus que
nous avions de grands efforts à faire pour atteindre le
niveau auquel étaient parvenus nos voisins.

Je n'ai pas besoin de rappeler que le duc de la Roche-
foucauld est le patron vénéré de nos Écoles d'Arts et
Métiers, et, je le répète, c'était plus qu'un libéral, plus
que ce qu'on apppelle un philanthrope, c'était un homme
d'un grand cœur. Il était à la fois le créateur de ces
écoles et l'inspecteur général du Conservatoire, dont il
plaidait les intérêts en toutes circonstances.

Charles Dupin allait, de son côté, donner une nouvelle vie au Conservatoire, en compléter réellement l'institution, en provoquant la création de *Cours supérieurs de sciences appliquées à l'industrie.*

C'est en 1819 que furent créés ces cours, au nombre de trois, aussitôt imités dans quelques-unes de nos grandes villes, parmi lesquelles il faudrait citer en première ligne notre chère et malheureuse ville de Metz. (*Double salve d'applaudissements. — Profonde sensation.*)

Je viens de dire qu'il y avait, dans l'origine, trois cours, qui étaient donnés le dimanche dans la journée et tous les soirs des autres jours de la semaine. Voici leurs titres et les noms des professeurs :

Ch. Dupin : *Géométrie et mécanique ;*

Clément Désormes : *Chimie industrielle ;*

J.-B. Say : *Économie industrielle.*

Je ne saurais manquer de faire remarquer que ces trois chaires comprenaient déjà les sciences exactes et expérimentales et une science naissante alors, la première des sciences sociales.

Cela ne suffisait pas cependant, et, en 1829, l'illustre Pouillet créait la chaire de *Physique appliquée aux arts,* et était nommé d'abord sous-directeur, puis administrateur du Conservatoire.

L'entrée de M. Pouillet au Conservatoire et son administration, qui a duré dix-neuf ans, une année de plus que le règne de Louis-Philippe, doivent être signalées à la reconnaissance publique. Personne, jusqu'à lui, ne s'était autant préoccupé de l'insuffisance des locaux, de la nécessité d'améliorer ceux qui existaient et d'en créer d'autres.

Je n'hésite pas à dire que si quelqu'un doit être considéré comme le second fondateur du Conservatoire, Grégoire étant le premier, c'est cet homme de bien, aussi savant que modeste, administrateur éclairé et prévoyant.

Tous les plans que nous continuons à étudier l'ont été par lui avant nous, et tout ce qui a été réalisé avait été projeté, sous son habile direction, par le très habile architecte M. Léon Vaudoyer.

Je ne doute pas que si un accident politique, que ma génération se rappelle bien et dont tout le monde a entendu parler, n'avait pas éloigné Pouillet du gouvernail, je ne serais pas obligé aujourd'hui d'entreprendre une campagne pour faire dégager et renaître l'un des plus admirables monuments de Paris, l'édifice roman le plus intéressant que nous possédions, et à côté duquel les étrangers et les Parisiens eux-mêmes passent sans le voir. Il en avait fait entreprendre la restauration, comme il avait fait remettre l'ancien réfectoire en état de devenir une admirable bibliothèque.

C'est vers 1819 que le premier amphithéâtre, celui qu'on appelle l'ancien ou le moyen, fut construit sur l'un des côtés du cloître; il pouvait contenir quatre cents auditeurs. En 1847, était ouvert le grand amphithéâtre, qui contient souvent plus de six cents auditeurs. Un troisième amphithéâtre, le petit ou le nouveau, construit sur la rue Saint-Martin, peut recevoir deux cents personnes.

Il y a aujourd'hui au Conservatoire quinze chaires de sciences appliquées aux arts :

Géométrie; Géométrie descriptive; Mécanique; Constructions civiles; Physique appliquée; Chimie générale; Chimie indus-

trielle; Chimie appliquée à la teinture, à la céramique et à la verrerie; Chimie agricole; Agriculture; Génie rural; Filature et tissage; Économie politique; Économie industrielle; Droit commercial.

L'histoire de la création successive de ces chaires, occupées, pour la plupart, par des maîtres de la science, serait trop longue. Je me bornerai à dire qu'elles ont été établies au fur et à mesure que des besoins étaient signalés, notamment par la Chambre de commerce de Paris, à la demande de laquelle ont été créés les cours de teinture, de filature et de tissage.

Aujourd'hui, ce nombre est encore insuffisant, et le Conseil de perfectionnement réclame depuis longtemps déjà un cours de métallurgie, dans un quartier où l'on travaille si habilement tous les métaux, et en particulier les métaux précieux. D'autres cours s'imposeront, sans aucun doute, pour tenir le public au courant des progrès des grandes industries de création récente et vulgariser les notions d'hygiène et d'esthétique industrielles.

Les cours existants constituent déjà un enseignement général assez complet, qui a fait donner au Conservatoire le nom de *Sorbonne de l'industrie.* Ils se font tous les soirs de semaine, pendant l'hiver, sont très fréquentés, très populaires, et je tiens à dire que rien ne pourrait les remplacer. On nous reproche quelquefois de voir dans nos amphithéâtres des personnes qui n'ont pas bonne tenue, et on a proposé, à différentes reprises, des inscriptions, des moyens d'élimination. J'avoue que, pour ma part, et tout en essayant de prendre des mesures efficaces pour que certains auditeurs, ou prétendus tels, ne gênent pas leurs voisins, je trouve qu'il vaut mieux subir quelques légers inconvénients que d'éliminer qui que ce soit. « Cours publics et gratuits », tel est notre titre, et j'y tiens, je devrais dire nous y tenons, car tous mes collègues pensent, à ce sujet, comme moi.

Et quand on a professé là pendant des années et senti combien les auditeurs pris en masse sont disposés à s'instruire et reconnaissants de ce qu'on prend la peine de leur enseigner, on aime ce public composite, on devine qu'il se fait là un grand travail d'assimilation et des efforts louables de la part d'hommes qui ont peiné tout le jour et qui viennent chercher les moyens d'élever leur intelligence et d'acquérir l'instruction dont ils connaissent tout le prix. (*Applaudissements.*)

J'ai traité notre public de composite : c'est très intentionnellement, car ce qui fait l'originalité de nos cours, c'est qu'ils sont suivis aussi bien par des personnes déjà très instruites, par des savants, — j'en ai vu de très assidus, — par des manufacturiers, par des patrons de toutes les professions, que par des ouvriers, des apprentis, et, souvent, par des dames et des jeunes filles.

Il y a plus : entre les professeurs et certains auditeurs, il s'établit des relations dont les résultats sont utiles aux uns et aux autres. Les auditeurs viennent demander des explications aux professeurs, et, souvent aussi, leur offrent leur concours pour des démonstrations pratiques.

D'autres, après avoir profité de notre enseignement, apportent à la Direction des dons intéressants et quelquefois de grande importance. Quand nous voulons les remercier, ils nous répondent que c'est à nous qu'ils doivent d'être arrivés à résoudre les difficultés qu'ils rencontraient dans les essais qu'ils voulaient faire. Cela est beaucoup plus fréquent qu'on ne le croit et m'amène à vous parler du Musée du Conservatoire.

J'ai tout à l'heure rappelé l'origine de ce *Musée,* et, pour donner une idée de l'extension qu'il a prise en moins d'un siècle, il me suffira de dire qu'il renferme actuellement plus de douze mille objets, estimés en bloc à trois millions de francs environ, mais dont la valeur réelle est de beaucoup plus considérable.

Le crédit annuel affecté aux achats de modèles n'était que de quinze mille francs lorsque j'ai été appelé à la Direction. Depuis lors, à la suite de pressantes démarches, et sur le rapport favorable de M. le député Félix Faure, ce crédit a reçu une augmentation de cinquante mille francs, qui nous donne, dans une bien plus large mesure que par le passé, la facilité de tenir les collections au courant des progrès de la grande industrie, et de faire acquisition des appareils réclamés par les professeurs dans l'intérêt de leur enseignement.

D'un autre côté, le nombre des objets qui nous sont offerts n'a cessé de s'accroître depuis quelques années, si bien que leur estimation s'est, exceptionnellement il est vrai, élevée en 1885 à plus de cent mille francs.

Les galeries sont ouvertes au public trois fois par semaine : le dimanche, le mardi et le jeudi, de dix heures du matin à quatre heures du soir. Le nombre des visiteurs qui les parcourent est très considérable, et peut être, le dimanche, évalué à près de trois mille. J'ajoute que les étrangers ou les personnes de passage à Paris, ainsi que les artistes, les ingénieurs et les élèves des Écoles qui ont un intérêt quelconque à voir ou à étudier les collections, y sont, même les jours réservés, admis sur leur demande entre midi et trois heures, et trouvent, à cet égard, toutes facilités à la Direction.

Sans vouloir entrer ici dans un examen détaillé de nos galeries, je ne puis me dispenser de dire que l'on y remarque des objets historiques de la plus haute importance, tels que la voiture à vapeur de Cugnot, les métiers de Vaucanson et de Jacquart, le célèbre chronomètre de Pierre Le Roy, le premier instrument enregistreur de D'Ons en Bray. Je tiens, d'autre part, à rappeler que la collection léguée par Vaucanson, après s'être fort heureusement accrue des appareils d'étude de Lavoisier, du cabinet d'horlogerie de Ferdinand Berthoud, du cabinet de physique de Charles, dont une grande partie provenait du cabinet de l'abbé Nollet, s'est, à une époque plus récente, enrichie des piles et des instruments électriques de MM. A. et E. Becquerel, des appareils et des épreuves de Daguerre, des essais d'Alph. Poitevin sur les impressions photographiques, du cabinet de Breguet, des photophones originaux de M. A. Graham Bell, d'une quantité innombrable enfin de dons faits par des savants, des artistes, des inventeurs et des industriels.

Beaucoup de personnes croient que le Conservatoire est un *Musée des antiques*. C'est une grave erreur, car si nous tenons à *conserver* les œuvres des savants et des inventeurs de génie, nous nous efforçons aussi de mettre sous les yeux du public des modèles destinés à le tenir au courant de tous les progrès industriels.

Le général Morin et M. H. Tresca, qui professèrent successivement la mécanique, s'étaient, au lendemain de l'Exposition universelle de Londres en 1851, occupés de créer une salle des machines en mouvement, une sorte de *Laboratoire de mécanique industrielle;* mais le local qu'ils avaient été obligés d'adopter, l'ancienne église du prieuré, convenait peu à cette destination. Nous poursuivons actuellement l'étude d'une installation qui serait faite dans des conditions plus favorables, et qui se prêterait, à la fois, aux recherches scientifiques du professeur de mécanique et au développement du service des essais de résistance des matériaux et des expériences dynamométriques confié, sous l'autorité du Directeur, à l'ingénieur du Conservatoire.

Il va sans dire qu'il existe aussi dans l'établissement des *Laboratoires de chimie et de physique,* avec des élèves en aussi grand nombre que le comportent les locaux mis à la disposition des professeurs.

Je ne saurais terminer cette partie de ma conférence sans faire allusion aux travaux délicats poursuivis depuis près de dix-sept ans au Conservatoire par la *Section française de la Commission internationale du mètre,* ainsi qu'aux opérations de contrôle et de poinçonnage des *Étalons de poids et de mesures* et de vérification des nécessaires destinés aux divers bureaux des départements. Ces dernières opérations sont confiées au Conservateur adjoint des collections, qui doit souvent aussi procéder à des vérifications autorisées par le Ministre du Commerce sur la demande d'administrations françaises ou étrangères.

Trois services, en outre, dont l'un est en cours d'or-

ganisation, méritent une mention spéciale : je veux parler
de la bibliothèque, du portefeuille industriel, et du laboratoire d'électricité.

La *Bibliothèque*, créée, nous l'avons vu, par décret de
la Convention, est installée dans l'ancien réfectoire dont
je vous ai dit l'habile restauration. Constituée, à l'origine,
de livres choisis dans les bibliothèques de plusieurs aca-
démies et d'un certain nombre de couvents devenus pro-
priétés nationales, elle contient une riche collection, sans
cesse tenue à jour, d'ouvrages principalement consacrés
aux sciences, aux arts, à l'agriculture et à l'industrie, et
renferme environ trente mille volumes et dix-sept cents
cartes qui représentent une valeur de plus de cent quatre-
vingt mille francs. Indépendamment des livres de fonds, le
public peut y consulter les principales revues scientifiques
et industrielles. A l'exception de quinze jours en septembre,
elle est ouverte le dimanche, de dix heures du matin à
trois heures de l'après-midi, et, les jours de semaine sauf
le lundi, de dix heures à trois et de sept heures et demie
à dix heures du soir. Le nombre des lecteurs, qui s'élève
à plus de vingt-cinq mille par année, se répartit à peu
près également entre les séances de jour et les séances du
soir.

Il n'existe malheureusement pas de catalogue imprimé
de la bibliothèque, mais tous les ouvrages qu'elle possède
sont inscrits sur un répertoire alphabétique de noms d'au-
teurs et sur une série de catalogues méthodiques dont
la revision a été faite avec le plus grand soin par le biblio-
thécaire actuel.

Le *Portefeuille industriel* contient une précieuse collection de dessins dont l'évaluation approximative est de deux cent trente mille francs, mais qu'il serait impossible de reconstituer à aucun prix si un incendie venait à la détruire. On y compte, en effet, près de deux mille sept cents dessins anciens dont le premier noyau remonte à Vaucanson, et plus de six mille cent dessins exécutés depuis 1830 jusqu'à l'époque actuelle et représentant les progrès successifs de l'outillage des principales industries.

C'est également au portefeuille que se trouvent réunis, conformément aux dispositions de l'arrêté du 17 vendémiaire an VII, de la loi du 5 juillet 1844 et du décret du 26 juillet 1858, plus de cent mille dossiers contenant les originaux des descriptions et dessins des brevets d'invention délivrés en France et dont la durée légale est expirée, ainsi que les duplicata, au nombre de près de soixante-cinq mille, des marques de fabrique déposées sous le régime de la loi du 23 juin 1857.

A cette collection de documents officiels vient se joindre une bibliothèque d'environ trois mille deux cents volumes de publications relatives au service de la propriété industrielle, et dont la valeur d'ensemble dépasse la somme de cent quinze mille francs.

Le public est admis à consulter tous ces documents, et à prendre, sans frais, des calques ou des copies, que je certifie conformes lorsqu'il s'agit de brevets ou de marques et que les intéressés en expriment le désir. Le nombre des pièces ainsi légalisées depuis 1884 s'est élevé à près de cinq cent cinquante pour les brevets et les certificats d'addition, et à plus de mille pour les marques de fabrique.

Le portefeuille industriel est ouvert au public tous les

jours, à l'exception du lundi, de dix heures du matin à
trois heures du soir. Le nombre des personnes qui le fré-
quentent est d'environ trente par séance. Je n'ai pas besoin
d'insister sur l'importance de ce service, qui, — j'en appelle à ceux d'entre vous, Messieurs, qui ont à y puiser des
renseignements, — est fait avec une ponctualité et un zèle
de tous points dignes d'éloges.

Le *Laboratoire d'électricité* est de création toute récente.
Nous mettons actuellement la dernière main à son organi-
sation, pour laquelle nous avons, du reste, trouvé le plus
obligeant concours auprès des constructeurs.

Indépendamment des facilités que nous donnera son
installation pour l'éclairage de la bibliothèque et des amphithéâtres, ce laboratoire est appelé à rendre de véritables services aux industriels et aux inventeurs qui désire-
ront faire constater, d'une manière officielle, le rendement
de leurs machines productrices de courants, l'exactitude
de leurs instruments de mesures électriques et le pouvoir
éclairant de leurs régulateurs et de leurs lampes.

On peut résumer en quelques mots la situation du Conservatoire. C'est un établissement très riche, très popu-
laire, très utile, auquel il ne manque que quelques chaires
nouvelles et un peu plus de place, pour s'approcher de la
perfection.

Il y a parmi vous, Messieurs, des membres du Parle-
ment, du Conseil municipal de Paris, de la Commission
des monuments historiques. Qu'ils veuillent bien me per-
mettre de leur rappeler mes instances auprès des pou-
voirs publics; de solliciter leur appui pour obtenir, par

tous les moyens dont ils disposent, la construction des nouvelles galeries qui nous sont indispensables et l'isolement de l'ancienne église du prieuré de Saint-Martin-des-Champs destinée à devenir une magnifique salle d'expositions temporaires; de nous aider, enfin, à présenter, lors de l'Exposition universelle de 1889, un Conservatoire national des Arts et Métiers agrandi, complété, et tout à fait digne de notre pays. (*Applaudissements prolongés.*)

www.ingramcontent.com/pod-product-compliance
Ingram Content Group UK Ltd.
Pitfield, Milton Keynes, MK11 3LW, UK
UKHW021208140726
13695UKWH00005B/2407